사순절·부활절

호산나, 나의 예수님!

사순절, 부활절?

사순절은 참회의 수요일부터 주일을 뺀 부활절 전 40일을 말해요.
주일은 '주의 날', 예수님이 다시 살아나신 기쁜 날이어서 사순절 40일에 포함되지 않아요.
사순절은 우리를 구원하시려고 십자가에서 죽으신
예수님의 사랑과 고난을 더 생각하는 시간이에요.

사순절 1주_ 예수님의 사랑

위 그림과 아래 그림을 살펴 보면 서로 다른 7곳이 있어요. 잘 찾아보세요.

소리 내어 성경을 읽어요.

(글자를 모르는 경우 먼저 읽고 따라 읽게 해 주세요)

아버지께서 나를 사랑하신 것 같이 나도 너희를
사랑하였으니 나의 사랑 안에 거하라

요한복음 15장 9절

말씀을 또박또박 읽으며 따라 써보세요.

아버지께서 나를 사랑하신 것 같이 나도 너희를
사랑하였으니 나의 사랑 안에 거하라

예수님이 나를 사랑하셨듯이 나도 다른 사람을 사랑할 수 있어요.
퍼즐 조각 안에 내가 사랑하는 사람(가족, 친구, 이웃 등)의 이름을 쓰고 색칠해 보세요.

사순절 2주_ 예수님의 기도

위 그림과 아래 그림을 살펴 보면 서로 다른 8곳이 있어요. 잘 찾아보세요.

말씀을 읽고 나는?

소리 내어 성경을 읽어요.

예수는 물러가사 한적한 곳에서 기도하시니라

누가복음 5장 16절

말씀을 또박또박 읽으며 따라 써보세요.

예수는 물러가사 한적한 곳에서
기도하시니라

예수님은 늘 하나님께 기도하셨어요. 나도 예수님처럼 기도할 수 있어요.
아래 기도 손가락을 보며 어떻게 기도해야 하는지 순서대로 따라해 보세요.
그리고 예쁘게 색칠도 해보세요.
이제 기도할 때마다 기도 손가락을 떠올리며 기도해요.

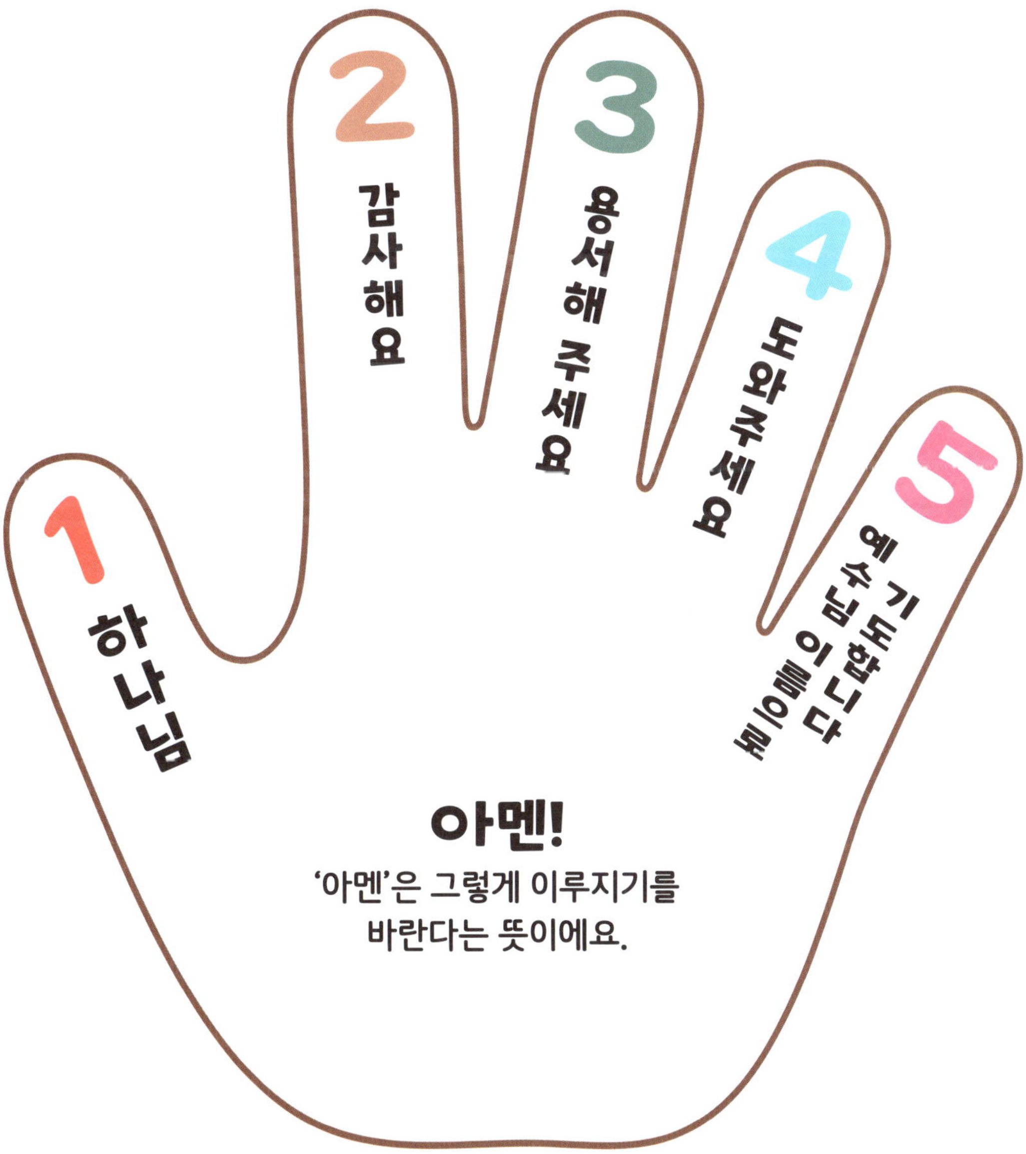

사순절 3주_ **예수님의 섬김**

위 그림과 아래 그림을 살펴 보면 서로 다른 8곳이 있어요. 잘 찾아보세요.

소리 내어 성경을 읽어요.

인자가 온 것은 섬김을 받으려 함이 아니라 도리어 섬기려 하고
자기 목숨을 많은 사람의 대속물로 주려 함이니라

마태복음 20장 28절

말씀을 또박또박 읽으며 따라 써보세요.

인자가 온 것은 섬김을 받으려 함이 아니라 도리어 섬기려 하고
자기 목숨을 많은 사람의 대속물로 주려 함이니라

**파란 점을 따라 선을 그어서 예수님의 사랑과 섬김으로 깨끗해진 발을 완성해 보세요.
흰 종이 위에 내 발도 올려 놓고 따라 그려보세요.**

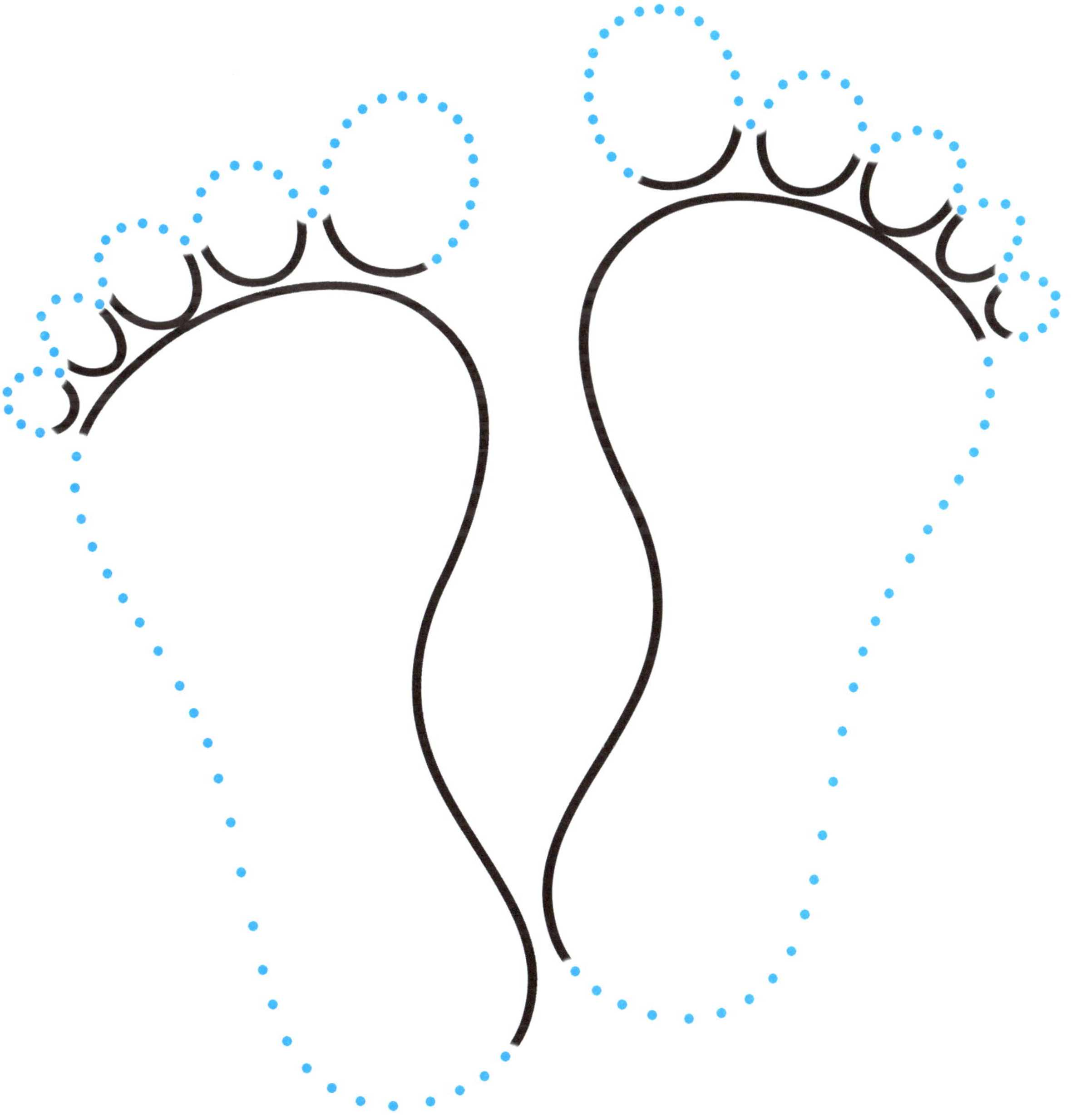

사순절 4주_ 예수님의 용서

위 그림과 아래 그림을 살펴 보면 서로 다른 8곳이 있어요. 잘 찾아보세요.

말씀을 읽고 나는?

소리 내어 성경을 읽어요.

너희가 사람의 잘못을 용서하면 너희 하늘 아버지께서도
너희 잘못을 용서하시려니와 너희가 사람의 잘못을 용서하지 아니하면
너희 아버지께서도 너희 잘못을 용서하지 아니하시리라

마태복음 6장 14-15절

말씀을 또박또박 읽으며 따라 써보세요.

너희가 사람의 잘못을 용서하면
너희 하늘 아버지께서도 너희 잘못을 용서하시려니와
너희가 사람의 잘못을 용서하지 아니하면 너희 아버지께서도
너희 잘못을 용서하지 아니하시리라

우리를 용서해 주시는 하나님의 사랑으로 우리도 서로 용서하며 사랑할 수 있어요.
예수님이 보여 주신 사랑과 용서는 어떤 모습일까요?
미로를 따라가 보세요. 예수님이 보여 주시는 사랑과 용서의 모습이 나타나요.
미로 한가운데 무엇이 보이나요? 큰 소리로 말해 보세요.

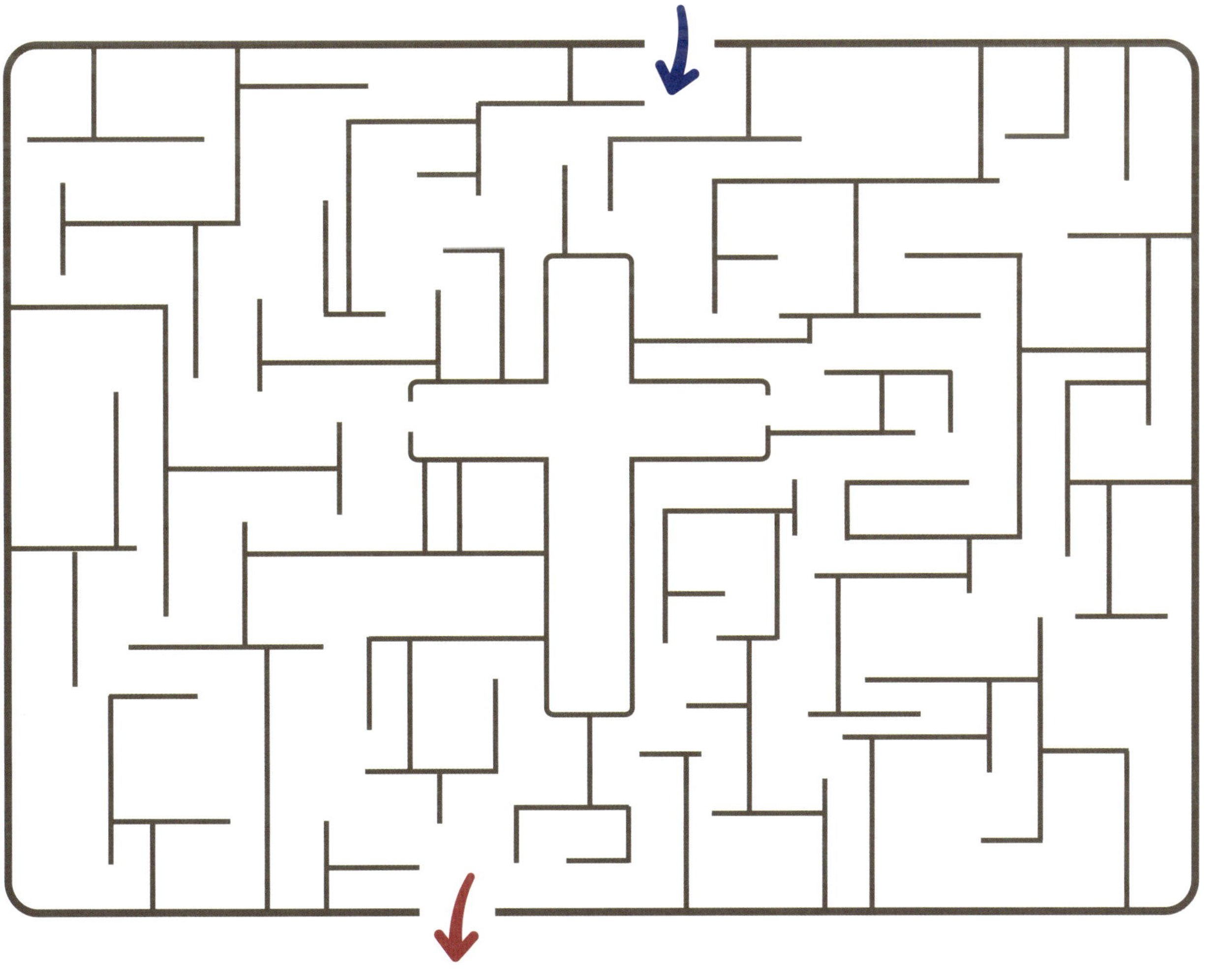

사순절 5주_ 종려주일

소리 내어 성경을 읽어요.

종려나무 가지를 가지고 맞으러 나가 외치되 호산나 찬송하리로다
주의 이름으로 오시는 이 곧 이스라엘의 왕이시여 하더라

요한복음 12장 13절

어린 나귀를 타고 예루살렘 성으로 오시는 예수님을 따라가 보세요.
사람들이 무엇이라고 외치며 예수님을 환영하고 있나요?
길을 따라가며 소리 내어 읽어보세요.

고난주간_ 월요일

소리 내어 성경을 읽어요.

예수께서 성전에 들어가사 성전 안에서 매매하는 모든 사람들을 내쫓으시며
돈 바꾸는 사람들의 상과 비둘기 파는 사람들의 의자를 둘러 엎으시고
그들에게 이르시되 기록된 바 내 집은 기도하는 집이라 일컬음을 받으리라 하였거늘
너희는 강도의 소굴을 만드는도다 하시니라

마태복음 21장 12-13절

예수님은 성전에서 장사를 하는 사람들을 내쫓으시며 꾸짖으셨어요.
성전은 하나님을 예배하는 거룩한 곳임을 분명하게 알려 주셨지요.
아래 그림 속에서 가방, 안경, 삼각자, 별, 폭죽, 수박, 부츠를 찾아보세요.

고난주간_ 화요일

소리 내어 성경을 읽어요.

내가 진실로 진실로 너희에게 이르노니 한 알의 밀이 땅에 떨어져 죽지 아니하면 한 알 그대로 있고 죽으면 많은 열매를 맺느니라

요한복음 12장 24절

예수님은 사람들에게 자신이 나중에 십자가에서 죽으실 것이라고 알려 주셨어요. 하지만 어떤 사람들은 예수님 말씀을 받아들이지 않고 예수님을 미워했어요. 우리도 예수님의 십자가 길을 다 이해할 수 없지만 예수님의 십자가 길을 함께 따라가 봐요.

고난주간_ 수요일

소리 내어 성경을 읽어요.

마리아는 지극히 비싼 향유 곧 순전한 나드 한 근을 가져다가 예수의 발에 붓고 자기 머리털로 그의 발을 닦으니 향유 냄새가 집에 가득하더라

요한복음 12장 3절

한 여인이 귀하고 값비싼 향유를 예수님 발에 부었어요. 하지만 예수님은 앞으로 다가올 예수님의 장례를 준비하며 사랑하는 마음으로 행한 여인을 칭찬하셨어요.

그림을 예쁘게 색칠해 보세요.

고난주간_ 목요일

소리 내어 성경을 읽어요.

그들이 먹을 때에 예수께서 떡을 가지사 축복하시고
떼어 제자들에게 주시며 이르시되 받아서 먹으라 이것은 내 몸이니라 하시고
또 잔을 가지사 감사 기도 하시고 그들에게 주시며 이르시되
너희가 다 이것을 마시라 이것은 죄 사함을 얻게 하려고
많은 사람을 위하여 흘리는 바 나의 피 곧 언약의 피니라

마태복음 26장 26-28절

아래 그림은 예수님이 잡히시기 전 제자들과 마지막 식사를 하시는 모습이에요.
그림 속에서 우산, 리본, 바나나, 깡통(캔), 빗자루, 야구공을 찾아보세요.

고난주간_ 금요일

소리 내어 성경을 읽어요.

그가 찔림은 우리의 허물 때문이요 그가 상함은 우리의 죄악 때문이라
그가 징계를 받음으로 우리는 평화를 누리고
그가 채찍에 맞음으로 우리는 나음을 받았도다

이사야 53장 5절

아무 죄도 없으신 예수님은 우리를 죄에서 구원하시기 위해 십자가에서 죽으셨어요. 십자가에 못 박히신 예수님과 군인들, 슬퍼하는 사람들, 예수님을 미워하고 욕하는 사람들, 예수님과 함께 십자가에서 죽은 두 죄수는 어떤 모습이었을지 떠올려 보세요. 십자가를 지고 가시는 예수님을 색칠하세요.

고난주간_ 토요일

소리 내어 성경을 읽어요.

빌라도가 이르되 너희에게 경비병이 있으니 가서 힘대로 굳게 지키라 하거늘
그들이 경비병과 함께 가서 돌을 인봉하고 무덤을 굳게 지키니라

마태복음 27장 65-66절

십자가에서 죽으신 예수님은 무덤에 계셨어요.
무덤 문은 쉽게 열 수가 없고 경비병들이 지키고 있었지요.
하나님 말씀대로 이루어지는 시간이에요.
무덤을 지키고 있는 경비병들을 색칠해 보세요.

부활절_ 생명 그리고 소망

말씀을 읽고 나는?

소리 내어 성경을 읽어요.

그가 여기 계시지 않고 그가 말씀하시던 대로 살아나셨느니라
와서 그가 누우셨던 곳을 보라

마태복음 28장 6절

야호! 이제 예수님은 무덤에 계시지 않아요.
말씀하신 대로 예수님은 십자가에서 돌아가신 후 3일 만에 다시 살아나셨어요.
다시 살아나신 생명과 소망이 예수님께 있어요.

예수님 무덤을 찾아간 여인들이
다시 살아나신 예수님 소식을 들을 수
있도록 길을 찾아 주세요.